LAROUSSE

100% MÉXICO

Desayunos

MEXICANOS

Verónica Rico • Gustavo Romero

Dirección editorial	Tomás García Cerezo
Editora responsable	Verónica Rico Mar
Asistencia editorial	Gustavo Romero Ramírez, Marahí López Pineda
Fotografía	Pablo Morales
Estilismo de alimentos	Chef Leticia Alexander
Fotografía complementaria	© 2007 JUPITERIMAGES, y sus cedentes de licencias. Todos los derechos reservados. Federico Gil
Diseño	Mariano Lara, Ricardo Viesca
Formación	Visión Tipográfica Editores, S.A. de C.V. / Rossana Treviño
Portada	Ediciones Larousse, S.A. de C.V., con la colaboración de Nice Montaño Kunze

© 2009 Ediciones Larousse, S.A. de C.V.
© 2014 Ediciones Larousse, S.A. de C.V.
Renacimiento 180, Colonia San Juan Tlihuaca, Delegación Azcapotzalco, C.P. 02400, México, D.F.

ISBN 978-607-21-0857-8

SEGUNDA EDICIÓN

Este libro se terminó de imprimir y encuadernar
en el mes de Abril de 2014, en los talleres de
Litografía Magno Graf, S.A. de C.V., con domicilio en
Calle E No. 6, Parque Industrial Puebla 2000,
C.P. 72220, Puebla, Pue.

Significado de los símbolos

costo: barato

razonable

caro

dificultad: muy fácil

fácil

difícil

c/s: cantidad suficiente

JUNE 2018

Presentación

La colección 100% México es un esfuerzo editorial que tiene el objetivo de mostrar las diferentes formas de conservar, hacer, rehacer e interpretar la cocina mexicana. En este libro nos ocupamos de uno de los alimentos más importantes en la dieta de los mexicanos: el desayuno.

Como en casi todos los aspectos de nuestra cocina, las recetas de desayunos son variadísimas en formas, ingredientes y técnicas, aunque en muchas de ellas son comunes la tortilla, el huevo y el frijol. De origen prehispánico, la tortilla dignifica las raíces ancestrales de nuestra cocina, transformándose noblemente para ser rellenada en forma de enchiladas, salsearse en los chilaquiles, freírse como totopos o sólo como acompañante para hacer un taco. Por su parte, el huevo fue introducido durante el virreinato y poco a poco fue ocupando un lugar preponderante en las mesas mexicanas, debido a su alto valor nutritivo y su bajo costo. Hoy en día, ¿quién se resiste a unos exquisitos huevos rancheros?, ¿o cómo negarse a comer unos sabrosos huevos a la albañil, bien picositos? Finalmente, el frijol amalgama gran parte de estas recetas: bayos, negros o "pintitos", que se transforman en charros, refritos, de la olla, o como protagonistas en las enfrijoladas.

No es producto del azar que la mayoría de los desayunos incluyan algún tipo de salsa, ya sea en su elaboración o como acompañante. Se puede encontrar esta característica desde la época prehispánica en el *mulli*: una salsa elaborada con chiles, jitomate o tomate y otros ingredientes, que cumplía la función de plato principal o de acompañamiento. A partir del virreinato, esta preparación adoptó otros ingredientes y se diversificaron las formas de prepararla y utilizarla, lo que resultaría en salsas como las de los huevos divorciados o de los chilaquiles verdes con pollo, e incluso en caldillos como el de la birria, la pancita o los huevos ahogados.

Por último, los desayunos dulces y las bebidas también ocupan un lugar importante en el gusto de los mexicanos: las gorditas de nata, los roles de canela, el atole de cacahuate o el chocolate con agua son sólo algunos de ellos.

Estamos seguros de que esta selección de recetas engloba tanto lo más representativo como lo más novedoso, y ofrece un panorama muy general pero a la vez completo de los principales desayunos que se consumen en México.

Los Editores

Sumario

Desayunos salados

Preparación: 10 min + 12 h
Cocción: 1½ h
Dificultad: 🍳🍳
Costo: ⚖⚖⚖

Birria

Ingredientes para 6 porciones

Birria

1 kg de carne maciza de chivo cortada
en trozos medianos

½ kg de chamorro o costilla de chivo

sal al gusto

2 chiles ancho desvenados, sin semillas,
asados y remojados

3 chiles guajillo desvenados, sin semillas,
asados y remojados

2 chiles cascabel desvenados, sin semillas,
asados y remojados

2 chiles mora desvenados, sin semillas,
asados y remojados

4 dientes de ajo

½ cebolla

½ cucharadita de cominos

10 pimientas negras

2 clavos de olor

1 cucharadita de orégano

½ taza de vinagre blanco

Salsa de chile cascabel

250 g de jitomate asado, pelado
y sin semillas

4 chiles cascabel desvenados, sin semillas,
asados y remojados

1 taza del jugo de cocción de la carne,
sin grasa

sal al gusto

Presentación

orégano al gusto

cebolla picada al gusto

tortillas de maíz al gusto

limones partidos al gusto

Preparación

Birria

· Añada sal a la carne y deje reposar por unos minutos.

· Licue los chiles con el resto de los ingredientes hasta obtener una salsa tersa y espesa. En caso de ser necesario, agregue un poco de agua; verifique la sal.

· Marine la carne con el molido de chiles durante una noche en refrigeración.

· Al día siguiente, coloque una rejilla dentro de una olla de presión, añada agua hasta casi tocarla, ponga encima de la rejilla un trozo de penca de maguey y acomode la carne. Cierre y cueza durante 1 hora a partir de que el vapor comience a escapar de la olla. Verifique la sal del jugo de carne que obtuvo de la cocción.

Salsa de chile cascabel

· Licue todos los ingredientes hasta obtener una salsa tersa; verifique la sal.

Presentación

· Sirva la birria caliente y acompañe con la salsa, el orégano, la cebolla, las tortillas de maíz y los limones.

Si lo desea, cuando la carne esté cocida deje hervir durante unos minutos en el jugo de carne.

Cecina

ingredientes para 6 porciones

Cecina

1 kg de cecina

c/s de aceite

Ensalada de nopales y habas

6 nopales cocidos en agua con sal
    y cortados en cubos

300 g de habas frescas cocidas, sin cáscara

3 jitomates pelados, sin semillas y cortados
    en cubos pequeños

1 cebolla picada finamente

½ taza de cilantro picado

4 cucharadas de aceite de oliva

4 cucharadas de vinagre blanco

2 cucharadas de orégano

queso fresco desmoronado al gusto
    (opcional)

sal al gusto

Salsa de chile ancho

6 chiles ancho sin semillas
    ni venas

1 jitomate asado

2 dientes de ajo asados

1 cucharadita de orégano

¼ de raja de canela asada

3 cucharadas de vinagre
    de manzana

sal al gusto

Presentación

300 g de queso fresco cortado
    en rebanadas delgadas (opcional)

18 cebollas cambray asadas

1 aguacate cortado en rebanadas
    (opcional)

Preparación

Cecina

· Ase la cecina en una parrilla con un poco de aceite.

Ensalada de nopales y habas

· Mezcle todos los ingredientes y reserve.

Salsa de chile ancho

· Hierva en un poco de agua los chiles ancho para hidratarlos; cuando estén suaves, lícuelos con los demás ingredientes y reserve.

Presentación

· Sirva la cecina acompañada del queso, las cebollas cambray, el aguacate, la ensalada de nopales y habas y la salsa de chile ancho.

Preparación: 10 min
Cocción: 15 min
Dificultad: 🍳
Costo: ⚱

Chicharrón en salsa verde

Ingredientes para 6 porciones

Salsa verde

4 chiles serrano verdes

750 g de tomates troceados

1 cebolla

1 diente de ajo grande con piel

½ taza de cilantro troceado

sal al gusto

c/s de caldo de pollo

3 cucharadas de manteca de cerdo

Presentación

350 g de chicharrón de cerdo cortado en trozos

frijoles de la olla al gusto (ver pág. 18)

tortillas de maíz al gusto

Preparación

Salsa verde

- Ase a fuego medio los chiles, los tomates, la cebolla y el ajo.
- Pele el ajo y licue los ingredientes asados con el cilantro y sal. Si es necesario, agregue un poco de caldo de pollo para obtener una consistencia más ligera.
- Caliente la manteca en una cacerola a fuego alto, vierta la salsa y cocine por 5 minutos moviendo de vez en cuando para que no se pegue.

Presentación

- Añada el chicharrón a la salsa y cueza hasta que éste se ablande; verifique la sal.
- Sirva caliente acompañado con los frijoles de la olla y las tortillas de maíz.

Éste es un platillo para desayunar muy acostumbrado en la zona centro del país. Se consume por igual en la mañana o al mediodía.

Preparación: 10 min
Cocción: 15 min
Dificultad:
Costo:

Chilaquiles colimotes

Ingredientes para 4 porciones

Salsa roja

½ kg de jitomates

2 chiles jalapeño

2 tazas de agua

½ cebolla

2 dientes de ajo

2 cucharadas de aceite

sal al gusto

Chilaquiles

12 tortillas de maíz cortadas en triángulos pequeños

c/s de aceite para freír

6 huevos batidos ligeramente

sal al gusto

Presentación

½ taza de queso añejo rallado

½ taza de crema

½ cebolla fileteada

Preparación

Salsa roja

- Cueza los jitomates con los chiles y el agua; retire del fuego y deje enfriar.
- Licue los jitomates con el agua de cocción, los chiles, la cebolla y los ajos hasta obtener una salsa tersa y fina.
- Caliente el aceite en una olla y vierta la salsa. Deje cocer durante algunos minutos y agregue sal. Reserve caliente.

Chilaquiles

- Fría los triángulos de tortilla en abundante aceite caliente. Cuando estén ligeramente dorados, retire el aceite y vierta los huevos batidos; mezcle hasta que estén cocidos.
- Añada la salsa y deje cocinar por unos minutos más; verifique la sal y retire del fuego.

Presentación

- Sirva los chilaquiles acompañados del queso añejo, la crema y la cebolla.

En un clásico desayuno colimense, no pueden faltar estos chilaquiles, un tamal de ceniza y un birote. Todo puede disfrutarse mejor con un vaso de tuba.

Chilaquiles verdes con pollo

Ingredientes para 6 porciones

Salsa

½ kg de tomates

6 chiles serrano verdes

2 tazas de caldo de pollo

½ cebolla

2 dientes de ajo

½ taza de cilantro troceado

3 cucharadas de aceite

sal al gusto

1 rama de epazote

Chilaquiles

½ kg de tortillas de maíz cortadas
   en triángulos y fritas

Presentación

1 pechuga de pollo cocida y deshebrada

1 taza de queso fresco rallado

½ taza de crema (opcional)

½ cebolla cortada fileteada

Preparación

Salsa

· Cueza los tomates con los chiles y el caldo de pollo. Retire del fuego, deje enfriar y licúelos con la cebolla, los ajos y el cilantro hasta obtener una salsa tersa.

· Caliente el aceite en una olla y fría la salsa. Pruebe y ajuste la cantidad de sal. En el último hervor añada la rama de epazote.

Chilaquiles

· Sumerja en la salsa los triángulos de tortilla fritos; deje hervir un par de minutos y retire del fuego.

Presentación

· Sirva inmediatamente acompañados con el pollo deshebrado, el queso fresco, la crema y la cebolla.

Si desea, sustituya el pollo por huevo. Gratínelos con queso Chihuahua o manchego antes de servir.

Enfrijoladas

Ingredientes para 4 porciones

Frijoles de la olla

250 g de frijoles limpios, remojados desde la noche anterior y drenados

½ cebolla

1 diente de ajo

1½ ℓ de agua

1½ cucharadas de manteca de cerdo

1 rama de epazote

sal al gusto

Enfrijoladas

1 chile chipotle en escabeche

2 cucharadas de manteca de cerdo

1 rama de epazote

c/s de aceite para freír

12 tortillas de maíz

Presentación

½ pechuga de pollo cocida y deshebrada

1 taza de crema

150 g de queso fresco

½ cebolla picada finamente

Preparación

Frijoles de la olla

· Coloque los frijoles, la cebolla, el diente de ajo y 1 litro de agua dentro de una olla de presión, cierre y ponga sobre el fuego. Cuente de 30 a 35 minutos de cocción a partir de que empiece a escapar el vapor de la olla.

· Retire del fuego, deje enfriar por completo la olla, destápela y añada la manteca, el epazote, sal, y si lo desea, el agua restante. Ponga a hervir nuevamente para que se integren los sabores. Reserve.

Enfrijoladas

· Licue los frijoles de la olla con un poco de su caldo y el chile chipotle. Caliente una cacerola con la manteca y cuando humee vierta los frijoles molidos. Añada la rama de epazote y deje hervir durante 5 minutos. Retire el epazote y reserve. Al final deberá obtener una salsa ligeramente espesa.

· Caliente el aceite y pase dentro de él las tortillas una a una por unos segundos, sólo para que se suavicen.

Presentación

· Acomode 3 tortillas en un plato, rellénelas con el pollo y enróllelas.

· Bañe con los frijoles molidos y acompañe con la crema, el queso y la cebolla.

Preparación: 10 min
Cocción: 15 min
Dificultad: ♟
Costo: ᗋ ᗋ

Enmoladas

Ingredientes para 4 porciones

Enmoladas

750 ml de caldo de pollo

300 g de mole en pasta

sal al gusto

c/s de aceite para freír

12 tortillas de maíz

Presentación

1 pechuga de pollo cocida y deshebrada

½ taza de crema

50 g de queso fresco desmenuzado

frijoles bayos refritos al gusto (ver pág. 40)

Preparación

Enmoladas

- Caliente el caldo de pollo y disuelva el mole hasta que obtenga una consistencia no muy espesa. Agregue sal si fuera necesario.

- Caliente el aceite y pase dentro de él las tortillas una a una por unos segundos sólo para que se suavicen.

Presentación

- Introduzca una a una las tortillas en el mole, rellénelas con la pechuga de pollo y dóblelas a la mitad. Sirva tres enmoladas por plato y termine bañándolas con mole. Agregue la crema y el queso; acompañe con los frijoles bayos refritos.

Esta preparación forma parte de la gran familia de enchiladas del país.
Son tradicionales las elaboradas con mole poblano, pero pueden prepararse
con cualquier otro tipo de mole: negro, almendrado o incluso de Xico.

Huarache con costillitas

Ingredientes para 4 porciones

Huarache

300 g de masa para tortillas

c/s de agua

sal al gusto

c/s de aceite para freír

Presentación

1 taza de frijoles refritos (ver pág. 40)

1 taza de salsa verde cruda (ver pág. 58)

½ cebolla picada finamente

1 taza de queso rallado

½ kg de costillitas de cerdo cocidas y fritas

Preparación

Huarache

· Mezcle la masa con un poco de agua y sal.

· Elabore bolas con la masa y deles forma alargada. Aplánelas entre 2 hojas de plástico hasta que tengan ½ centímetro de grosor.

· Fría los huaraches en suficiente aceite.

Presentación

· Unte a cada huarache frijoles refritos, agregue salsa verde, cebolla, queso y acompañe con un trozo de costillita. Sírvalos inmediatamente.

Este desayuno es clásico para los domingos. En los mercados populares y en los establecimientos donde venden quesadillas, se llegan a ofrecer huaraches de proporciones enormes con un bistec de costilla de igual tamaño o un huevo frito.

Huevos a la albañil

Ingredientes para 3 porciones

Huevos

3 cucharadas de aceite

6 huevos batidos ligeramente

sal al gusto

Salsa

2 jitomates asados

¼ de cebolla asada

1 diente de ajo asado

2 chiles de árbol secos asados

2 cucharadas de aceite

sal al gusto

Presentación

totopos al gusto

frijoles refritos al gusto (ver pág. 40)

queso fresco desmoronado, al gusto

Preparación

Huevos

· Caliente un sartén con el aceite, agregue sal a los huevos y hágalos revueltos; retírelos del sartén y reserve.

Salsa

· Licue los jitomates con la cebolla, el diente de ajo y los chiles de árbol. Caliente el aceite en el mismo sartén donde preparó los huevos y vierta la salsa; cueza durante 2 minutos y verifique la sal.

· Agregue los huevos y deje hervir durante 2 minutos más.

Presentación

· Sirva acompañados con los totopos, los frijoles refritos y el queso.

El adjetivo "a la albañil" indica la personalidad picante de este desayuno. Para esta receta se ha reducido la cantidad de chiles de árbol, pero, si lo desea, es posible hacer honor al nombre agregando más.

Huevos a la veracruzana

Ingredientes para 4 porciones

Relleno

4 cucharadas de aceite

½ cebolla picada finamente

2 jitomates picados

1 chile jalapeño sin semillas ni venas, picado finamente

8 huevos batidos ligeramente

½ cucharadita de sal

Presentación

12 tortillas

c/s de aceite para freír

3 tazas de frijoles de la olla (ver pág. 18)

5 cucharadas de chorizo frito

100 g de queso fresco cortado en cubos

1 chile cuaresmeño sin venas ni semillas, cortado en rajas y fritas

Preparación

Relleno

· Caliente en un sartén el aceite y acitrone la cebolla. Añada los jitomates, el chile jalapeño y sofría durante 3 minutos. Agregue los huevos y la sal; mezcle y retire del fuego cuando todo esté cocido. Reserve.

Preparación

· Caliente el aceite y pase dentro de él las tortillas una a una.

· Disponga 3 tortillas en un plato y rellene cada una con el huevo guisado. Acompañe con los frijoles y adorne con el chorizo, el queso y las rajas.

Tradicionalmente se elabora una salsa con los frijoles y se bañan las tortillas rellenas.

Huevos ahogados

Ingredientes para 3 porciones

Salsa

6 jitomates asados

½ cebolla asada

3 chiles guajillo desvenados, asados
  y remojados (opcional)

2 dientes de ajo asados

1 ℓ de caldo de pollo

sal al gusto

c/s de aceite

Huevos

6 huevos

1½ tazas de nopales cortados en tiras
  y cocidos

Preparación

Salsa

· Licue los jitomates, la cebolla, los chiles guajillo, los dientes de ajo, el caldo
  de pollo y sal.

· Caliente el aceite en una cacerola extendida y vierta la salsa; cueza durante
  5 minutos y verifique la sal.

Huevos

· Baje el fuego al mínimo y vierta con cuidado los huevos uno a uno a la salsa,
  procurando que queden enteros y separados entre ellos. Unos minutos antes de que los huevos se cuezan, agregue los nopales, procurando no romper las yemas.

· Retire del fuego y sirva.

*El curioso nombre de este platillo se debe a que los huevos "nadan"
en un caldillo de jitomate.*

Huevos aporreados

Ingredientes para 4 porciones

Huevos

250 g de carne seca o cecina

3 cucharadas de aceite

1 cebolla picada finamente

1 diente de ajo picado finamente

3 jitomates picados

2 chiles serranos sin venas ni semillas picados finamente

8 huevos batidos ligeramente

sal al gusto

Salsa de chile cascabel

6 chiles cascabel limpios sin semillas ni venas

2 jitomates asados

¾ de taza de agua

2 dientes de ajo grandes asados, pelados y troceados

1 cucharadita de sal

Presentación

tortillas de maíz al gusto

Preparación

Huevos

- Caliente en un sartén 1 cucharada de aceite y sofría la carne seca o cecina. Cuando esté dorada, retire del fuego y córtela en cuadros pequeños; reserve.

- Caliente el aceite restante en el mismo sartén y acitrone la cebolla, el ajo, los jitomates y los chiles. Añada la cecina, los huevos y sal; mezcle y retire del fuego cuando todo esté cocido.

Salsa de chile cascabel

- Ase a fuego bajo los chiles por el lado brillante. Retírelos del fuego y deje enfriar.

- Coloque los jitomates asados en una olla pequeña, cúbralos con el agua y cueza por 15 minutos. Deje enfriar y lícuelos con los chiles, los ajos, la sal y el agua hasta obtener una salsa martajada.

- Si lo desea, caliente un poco de aceite y fría la salsa por 10 minutos.

Presentación

- Sirva los huevos acompañados de la salsa de chile cascabel y las tortillas de maíz.

Esta preparación, típica de Tierra Caliente en Michoacán y Guerrero, también puede llamarse aporreada o aporreado. La peculiaridad consiste en la utilización de carne seca, la cual se corta o desmenuza y luego se golpea para abrir las fibras de la carne antes de utilizarla.

Preparación: 5 min
Cocción: 15 min
Dificultad: 🎩🎩
Costo: ⚖

Huevos divorciados

Ingredientes para 4 porciones

Huevos

8 huevos

c/s de aceite para freír

sal al gusto

Presentación

1 receta de salsa verde (ver pág. 12)

1 receta de salsa roja (ver pág. 14)

1½ tazas de frijoles refritos (ver pág. 40)

totopos al gusto

Preparación

Huevos

· Caliente aceite en un sartén y haga un huevo estrellado; añada un poco de sal durante la cocción. Continúe con el resto de los huevos añadiendo más aceite entre cada uno.

Presentación

· Ponga 2 huevos estrellados por plato; bañe uno con salsa verde y otro con salsa roja, y acompañe con los frijoles refritos y los totopos.

Ésta es una de las formas más populares de consumir el huevo en México. Para hacer más evidente el nombre puede servir los huevos separados con un poco de frijoles.

Huevos motuleños

Ingredientes para 3 porciones

Huevos

6 tortillas de maíz

½ taza de aceite

6 huevos

1 taza de frijoles refritos (ver pág. 40)

sal al gusto

Salsa

2 jitomates

¼ de cebolla

1 diente de ajo

1 cucharadita de vinagre

1 taza de agua

2 cucharadas de aceite

1 hoja de laurel

1 chile habanero

sal al gusto

Guarniciones

100 g de jamón cortado en cubos pequeños

100 g de chícharos cocidos

100 g de queso fresco rallado

1 plátano macho cortado en rebanadas y fritas

Preparación

Huevos

- Caliente el aceite en un sartén y pase una a una las tortillas dentro de él sólo para que se suavicen. Colóquelas sobre papel absorbente para eliminar el exceso de grasa y reserve.

- Haga unos huevos estrellados en el mismo sartén, agregue sal. Si fuera necesario, añada más aceite entre cada huevo.

- Unte sobre cada tortilla un poco de frijoles refritos y ponga encima 1 huevo.

Salsa

- Licue los jitomates, la cebolla, el ajo, el vinagre y el agua.

- Caliente en una cacerola el aceite y vierta la salsa. Añada la hoja de laurel, el chile habanero y sal; deje hervir a fuego bajo durante 5 minutos sin dejar de mover. Retire del fuego, deseche la hoja de laurel, verifique la sal y reserve.

Presentación

- Acompañe los huevos con la salsa y las guarniciones.

Tradicionalmente estos huevos se bañan con la salsa, pero puede servirla en un recipiente por separado.

Huevos rabo de mestiza

Ingredientes para 3 porciones

Salsa

4 jitomates

1 diente de ajo

1 taza de agua

1 cucharada de aceite

2 chiles poblano asados, pelados, desvenados y cortados en rajas

½ cebolla fileteada

sal al gusto

Huevos

6 huevos

Presentación

½ taza de queso panela cortado en cubos pequeños

Preparación

Salsa

· Licue los jitomates con el ajo y el agua. Caliente el aceite en una cacerola extendida y fría el molido; deje cocinar durante unos minutos.

· Agregue las rajas de chile, la cebolla y sal; cueza durante 3 minutos.

Huevos

· Añada los huevos, uno a uno, evitando que se junten y que se estrellen las yemas. Deje hervir hasta que estén cocidos.

Presentación

· Sirva acompañados con los cubos de queso.

Tradicionalmente este platillo se elabora con rajas de chile poblano, pero puede sustituirlas por rajas de pimiento morrón en caso de que no lo desee picante.

Preparación: 5 min
Cocción: 15 min
Dificultad: 🎩
Costo: 🔺

Huevos rancheros

Ingredientes para 3 porciones

Huevos

6 tortillas de maíz

c/s de aceite para freír

6 huevos

Salsa de chile de árbol

½ kg de jitomates

2 chiles de árbol frescos grandes

¼ de cebolla

2 dientes de ajo chicos

1 ℓ de agua

2 cucharadas de aceite

sal al gusto

Presentación

rebanadas de bolillo doradas al gusto

Preparación

Huevos

- Caliente en un sartén el aceite y pase una a una las tortillas dentro de él, dejándolas suaves o crujientes según su preferencia. Colóquelas sobre papel absorbente para retirar el exceso de aceite.

- Haga unos huevos estrellados en el mismo sartén; si fuera necesario, añada más aceite entre cada uno.

Salsa de chile de árbol

- Cueza los jitomates, los chiles, la cebolla y los ajos en el agua. Retire del fuego, deje enfriar y lícuelos con un poco del agua de cocción.

- Caliente el aceite y fría la salsa. Deje reducir según la consistencia que desee, añada sal y reserve.

Presentación

- Coloque encima de cada tortilla un huevo y bañe con la salsa de chile de árbol. Acompañe con las rebanadas de bolillo.

Generalmente el término ranchero es aplicado a las preparaciones
que contienen alguna salsa o caldillo de jitomate.

Huevos tirados

Ingredientes para 3 porciones

Frijoles refritos (3 tazas)

3 tazas de frijoles de la olla con su caldo
(ver pág. 18)

⅓ de taza de manteca de cerdo

2 cucharadas de cebolla picada finamente

Salsa de chile costeño

250 g de jitomates asados

3 chiles costeños grandes sin semillas
ni venas, asados

1 taza de agua

1 diente de ajo

¼ de taza de cebolla picada finamente

¼ de taza de cilantro picado finamente

sal al gusto

Huevos

3 cucharadas de aceite

6 huevos batidos ligeramente

sal al gusto

1 taza de frijoles refritos

Presentación

½ taza de queso fresco cortado en cubos
(opcional)

tortillas de maíz al gusto

Preparación

Frijoles refritos

- Machaque los frijoles con el caldo hasta que estén bien triturados.

- Caliente en un sartén la manteca a fuego alto, espere a que humee ligeramente y fría la cebolla hasta que esté muy dorada, casi negra. Añada los frijoles machacados y mueva constantemente, de lo contrario se pegarán al fondo; la preparación espesará en unos minutos. Después de un tiempo notará que los frijoles se habrán vuelto una masa que se mantiene unida; esa es la consistencia deseada. Reserve.

Salsa de chile costeño

- Cueza los jitomates y los chiles en el agua durante 10 minutos; retire del fuego y deje enfriar.

- Licue los ingredientes cocidos con el ajo y ⅓ de taza del agua de cocción de los chiles hasta obtener una salsa tersa.

- Vierta la salsa en un recipiente, añada la cebolla, el cilantro y sal; mezcle y reserve.

Huevos

- Caliente el aceite, añada los huevos y sal. Mueva ocasionalmente, y cuando estén ligeramente cocidos, agregue los frijoles.

- Mezcle bien para integrar ambos ingredientes. Retire del fuego cuando todo esté cocido.

Presentación

- Sirva los huevos con la salsa de chile costeño, el queso fresco y las tortillas.

*Puede reservar algunos frijoles enteros y mezclarlos
con los frijoles refritos.*

Preparación: 5 min
Cocción: 45 min
Dificultad: 🍳🍳
Costo: 🔔🔔

Machaca con huevo

Ingredientes para 3 porciones

Salsa (opcional)

½ kg de jitomates

3 chiles de árbol frescos

½ cebolla

2 dientes de ajo

1 ℓ de agua

sal al gusto

Machaca

3 cucharadas de aceite

300 g de machaca (carne seca picada)

6 huevos batidos ligeramente

Frijoles charros

125 g de frijoles bayos remojados desde la
    noche anterior

1½ ℓ de agua

50 g de tocino picado

75 g de chorizo desmenuzado

½ cebolla picada

½ cucharada de ajo picado finamente

1½ jitomates picados

1½ cucharadas de chile serrano picado
    finamente

¼ de taza de cilantro picado

trozos de chicharrón al gusto

sal al gusto

Presentación

tortillas de harina al gusto

jitomates cortados en gajos, al gusto

chile de árbol cortado en rodajas,
    al gusto

Preparación

Salsa

· Cueza los jitomates, los chiles, la cebolla y los ajos con el agua y sal. Retire del fuego, deje enfriar, licue, cuele y reserve.

Machaca

· Caliente el aceite en un sartén, agregue la machaca y fría ligeramente.

· Añada los huevos, deje cocer un poco y vierta la salsa. Mezcle y mueva ocasionalmente hasta que todo esté cocido.

Frijoles charros

· Cueza los frijoles con el agua hasta que estén suaves; en olla de presión 30 minutos y en olla normal, 2 horas.

· Fría el tocino en una cazuela a fuego medio hasta que se dore ligeramente y suelte su grasa; agregue el chorizo, deje dorar un poco y añada la cebolla, el ajo, los jitomates, el chile y sal; deje que todo se sofría muy bien.

· Añada el sofrito de tocino cuando los frijoles estén cocidos y suaves, y deje cocer durante 10 minutos más.

· Pruebe, ajuste la cantidad de sal y agregue el cilantro y el chicharrón poco antes de servir los frijoles.

Presentación

· Acompañe con los frijoles charros, las tortillas de harina, los jitomates y el chile de árbol.

Molletes de rajas con elote y champiñones

Ingredientes para 4 porciones

Rajas con elote
1 cucharada de aceite
¼ de cebolla fileteada
½ taza de granos de elote precocidos
2 chiles poblano asados pelados, sin semillas ni venas y cortados en rajas
sal al gusto

Champiñones
1 cucharada de aceite
¼ de cebolla fileteada
10 champiñones fileteados
4 hojas de epazote picadas
sal al gusto

Salsa pico de gallo
3 jitomates maduros cortados en cubos
½ taza de cebolla picada finamente
⅓ de taza de cilantro picado finamente
1½ cucharadas de chile serrano verde picado finamente
sal al gusto

Molletes
4 bolillos partidos por la mitad
1 taza de frijoles refritos (ver pág. 40)
250 g de queso tipo manchego rallado

Preparación

Rajas con elote
- Caliente el aceite y acitrone la cebolla. Incorpore los granos de elote y las rajas, añada sal y retire del fuego. Reserve.

Champiñones
- Caliente en un sartén el aceite y sofría la cebolla. Añada los champiñones, deje cocer durante 2 minutos, agregue el epazote, sal y retire del fuego. Reserve.

Salsa pico de gallo
- Mezcle todos los ingredientes y reserve.

Molletes
- Precaliente el horno a 160 °C.
- Quite un poco de migajón a las mitades de bolillo y úntelas con frijoles refritos. Agregue a 4 mitades las rajas con elote y a las restantes, los champiñones. Espolvoree los molletes con queso.
- Coloque en una charola los molletes y hornéelos hasta que se doren ligeramente y el queso se funda.

Presentación
- Sirva calientes y acompañe con la salsa pico de gallo.

Preparación: 5 min
Cocción: 15 min
Dificultad: 🍳🍳🍳
Costo: ⚖️⚖️

Omelette con salsa de huitlacoche

Ingredientes para 4 porciones

Omelette

8 huevos

sal y pimienta al gusto

4 cucharadas de aceite

300 g de queso manchego rallado

Salsa de huitlacoche

2 cucharadas de aceite o mantequilla

½ cebolla picada

250 g de huitlacoche

2 cucharadas de epazote picado

3 tazas de caldo de pollo

sal al gusto

Presentación

hojas de lechuga al gusto

1 receta de rajas con elote (ver pág. 44)

Preparación

Omelette

- Bata enérgicamente 2 huevos con sal y pimienta hasta que queden espumosos. Caliente 1 cucharada de aceite en un sartén pequeño a fuego bajo y vierta los huevos; deje que cuajen ligeramente y coloque un poco de queso. Doble los bordes hacia el centro para cubrir el relleno y termine la cocción. Deberá obtener al final un omelette aún cremoso por dentro. Repita el mismo procedimiento con el resto de los huevos.

Salsa de huitlacoche

- Caliente el aceite o la mantequilla y acitrone la cebolla; añada el huitlacoche, el epazote, el caldo de pollo y sal. Deje sobre el fuego durante 5 minutos y licue. Verifique la sal y reserve.

Presentación

- Coloque en un plato el omelette, acompañe con la salsa de huitlacoche, la lechuga y las rajas con elote.

Pancita

Ingredientes para 8 porciones

Pancita

2 kg de panza de res, limpia

3 ℓ de agua

½ cebolla

2 dientes de ajo grandes

2 cucharadas de sal

4 chiles guajillo sin semillas ni venas

1 chile ancho sin semillas ni venas

¼ de taza de aceite

½ cebolla picada

2 dientes de ajo grandes, troceados

4 pimientas negras

4 ramas de epazote

Presentación

⅓ de taza de cebolla picada finamente

chiles de árbol secos al gusto

orégano seco al gusto

limones partidos por la mitad, al gusto

tortillas de maíz al gusto

Preparación

Pancita

· Coloque en una olla de presión la panza, 1½ litros de agua, la cebolla, los ajos y la sal. Tape y cueza por 20 minutos a partir de que comience a escapar el vapor. Deje enfriar. Corte la panza en cuadros de 3 centímetros por lado y reserve.

· Ase los chiles por la parte más brillante y trocéelos.

· Caliente ⅛ de taza de aceite y fría la cebolla picada, los ajos, los chiles y las pimientas. Añada un poco de agua y cueza por unos minutos para que los chiles se suavicen; deje enfriar y licue hasta obtener una salsa muy tersa y cuele.

· Caliente el aceite restante y fría la salsa hasta que se cueza.

· Vierta a la pancita la salsa de chiles y mezcle; añada el agua restante, deje hervir y baje el fuego; cueza por 10 minutos más. Unos instantes antes de servir, agregue el epazote y retire la cebolla y los ajos.

Presentación

· Deseche las ramas de epazote y sirva caliente. Acompañe con las guarniciones.

La pancita es un platillo clásico para desayunar o almorzar. Se dice que es perfecta para reducir los estragos de una "cruda".

Pastel azteca

Ingredientes para 6 porciones

Salsa de chile pasilla y crema

6 chiles pasilla asados, sin semillas ni venas y remojados

1 jitomate asado

½ ℓ de crema

sal al gusto

Pastel

½ kg de tortillas de maíz

100 ml de aceite

1 taza de pollo cocido y deshebrado

1 taza de granos de elote cocidos

10 flores de calabaza limpias y troceadas

3 chiles poblano asados, pelados, sin semillas ni venas y cortados en rajas

½ kg de queso Chihuahua rallado

Material específico

1 refractario grande o 6 individuales

Preparación

Salsa de chile pasilla y crema

- Licue los chiles pasilla con el jitomate. Caliente la crema en una cacerola y vierta la salsa. Mezcle bien, agregue sal, y al primer hervor, retire del fuego.

Pastel

- Precaliente el horno a 180 ºC.
- Caliente el aceite y pase dentro de él las tortillas una a una sólo para que se suavicen.
- Arme el pastel en un refractario; coloque una capa de tortillas, una capa de salsa de chile pasilla y crema, un poco de pollo, granos de elote, flor de calabaza, rajas de chile poblano y un poco de queso. Repita la operación tres veces más terminando con salsa y queso.
- Hornee durante 20 minutos.

Presentación

- Corte el pastel en porciones individuales y sirva.

*La combinación de los granos de elote, la flor de calabaza y el chile poblano
es la que otorga el nombre de azteca a esta preparación, por referirse a ingredientes
de origen prehispánico.*

Puntas de filete en chipotle

Ingredientes para 4 porciones

Puntas de filete
600 g de puntas de filete de res limpio
sal y pimienta al gusto
1 cucharada de aceite

Salsa
1 diente de ajo machacado
1½ tazas de caldo de res
3 jitomates troceados
2 cucharadas de chiles chipotle adobados, picados
sal al gusto

Presentación
frijoles charros al gusto (ver pág. 42)
cebolla fileteada y desflemada, al gusto
cilantro picado al gusto

Preparación

Puntas de filete
· Salpimente las puntas de filete. Caliente en un sartén de fondo grueso el aceite y selle las puntas. Reserve calientes.

Salsa
· Ponga en el mismo sartén el ajo y el caldo; con una pala de madera raspe todos los residuos del sartén. Agregue los jitomates, el chipotle, y retire del fuego cuando el jitomate esté cocido. Licue, cuele, y vierta nuevamente en el sartén. Deje reducir la salsa ligeramente y verifique la sal.
· Añada las puntas de filete a la salsa y mezcle.

Presentación
· Sirva con los frijoles charros, la cebolla y espolvoree el cilantro.

Para un sabor diferente, sustituya el chile chipotle por chile mora, morita o cascabel.

Quesadillas de quelites con requesón

Ingredientes para 6 porciones

Relleno

1 kg de quelite cenizo

3 cucharadas de aceite

1 taza de cebolla fileteada

4 chiles jalapeño sin semillas ni venas cortados en rajas

1 cucharada de ajo picado

sal al gusto

Quesadillas

12 tortillas de maíz recién hechas

200 g de requesón

Preparación

Relleno

- Limpie los quelites para utilizar únicamente las hojas. Obtendrá ½ kg aproximadamente.

- Caliente a fuego alto una cacerola con el aceite y sofría la cebolla con los chiles; añada el ajo, cueza por 1 minuto más y agregue poco a poco los quelites mezclando bien entre cada tanda. Añada sal, tape la cacerola y deje cocer durante unos minutos. Retire del fuego y reserve.

Quesadillas

- Caliente las tortillas en un comal y coloque en el centro de cada una requesón y 2 cucharadas de quelites; doble las tortillas por la mitad y deje que se tuesten ligeramente por ambos lados.

Acompañe estas quesadillas con alguna salsa roja o verde.

La variedad de quelites en México es grande: cenizo, malva, quintonil, lengua de vaca, huauzontle, entre otros. Elabore estas quesadillas con cualquiera de temporada. Todos ellos, además de aportar sabor, son una fuente importante de minerales.

Sustituya el requesón por queso adobera o Cotija para un sabor más pronunciado.

Queso panela asado con nopales

Ingredientes para 6 porciones

Nopales

6 nopales tiernos

el jugo de 1 limón

sal y pimienta al gusto

c/s de aceite

600 g de queso panela cortado
en rebanadas gruesas

Salsa de chile pasilla

6 chiles pasilla asados, sin semillas
ni venas y remojados

1 jitomate asado

½ cebolla asada

1 diente de ajo asado

sal al gusto

2 cucharadas de aceite

Presentación

2 jitomates bola cortados en rebanadas
o en gajos

chile pasilla frito y troceado al gusto

Preparación

Nopales

· Bañe los nopales con el jugo de limón y salpimente.

· Ase los nopales en un sartén con poco aceite. Retire los nopales y ase las rebanadas de queso.

Salsa de chile pasilla

· Licue todos los ingredientes excepto el aceite; caliente este último y fría la salsa por unos minutos, rectifique la sazón y reserve.

Presentación

· Sirva acompañado de las rebanadas de jitomate y la salsa de chile pasilla.

El queso puede ser sustituido por algún otro como el asadero. Esta preparación es ideal como complemento de un huarache.

Sopes

Ingredientes para 6 porciones

Sopes

400 g de masa para tortillas

c/s de agua

c/s de sal

Salsa verde

½ kg de tomates troceados

3 chiles de árbol frescos

¼ de taza de cebolla picada

½ cucharadita de ajo picado

¼ de taza de cilantro fresco picado

sal al gusto

Salsa roja

½ kg de jitomate

2 chiles de árbol frescos, grandes

¼ de cebolla picada

2 dientes de ajo chicos

sal al gusto

Presentación

6 cucharadas de aceite para freír

1 taza de frijoles refritos (ver pág. 40)

2 tazas de lechuga rebanada finamente

1 taza de pollo cocido y deshebrado

1 taza de chorizo frito

½ taza de cebolla picada

¾ de taza de queso fresco rallado

½ taza de crema espesa (opcional)

Preparación

Sopes

- Mezcle la masa con un poco de agua y sal.
- Forme, entre 2 hojas de plástico, tortillas de 8 centímetros de diámetro y ½ centímetro de grosor con la ayuda de una tortilladora. Póngalas sobre un comal caliente durante 3 minutos o hasta que la masa se torne opaca; voltéelas y cueza del otro lado por 3 minutos más. Deberá obtener 12 sopes.
- Haga a cada tortilla un borde presionando las orillas con los dedos. Debe quedar una pared alrededor, que es la que evitará que el relleno se salga. Reserve los sopes en un recipiente tapados con un paño hasta el momento de utilizarlos.

Salsa verde

- Licue los tomates con los chiles hasta que obtenga una salsa tersa.
- Añada la cebolla, el ajo, el cilantro, la sal y licue nuevamente; reserve.

Salsa roja

- Ase el jitomate, los chiles, la cebolla y los ajos; deje reposar por 20 minutos.
- Licue los ingredientes asados con sal; reserve.

Presentación

- Caliente el aceite en un sartén y coloque boca abajo los sopes para que se calienten y se frían. Voltéelos y ponga sobre cada uno un poco de frijoles refritos, asegurándose de que cubran todo el interior.
- Agregue en cada uno un poco de salsa verde o roja, lechuga, a la mitad pollo y al resto, chorizo; al final cebolla, queso y crema a todos.
- Retírelos del fuego, colóquelos sobre una servilleta de papel para retirar el exceso de grasa y sirva.

Tamal de cazuela

Ingredientes para 8 porciones

Relleno

½ kg de carne maciza de cerdo

3 dientes de ajo

sal al gusto

2 ℓ de agua

50 g de chiles mulato asados, sin semillas
ni venas y remojados

50 g de chiles ancho asados, sin semillas
ni venas y remojados

50 g de chiles pasilla asados, sin semillas
ni venas y remojados

2 cucharadas de cebolla picada finamente

2 jitomates asados

c/s de agua

3 cucharadas de manteca de cerdo

Tamal

1 kg de masa de maíz

el caldo de cerdo que obtuvo de la cocción
de la carne

200 g de manteca de cerdo + c/s para
engrasar

1 cucharada de sal

3 hojas santa

Material específico

1 refractario grande u 8 individuales

Preparación

Relleno

- Cueza la carne con 2 ajos, sal y el agua durante 1 hora. Retire la carne del caldo y deshébrela; reserve por separado la carne y el caldo.
- Muela los chiles con el ajo restante, la cebolla y los jitomates. Si es necesario, agregue un poco de agua.
- Caliente la manteca en una cacerola y fría la salsa hasta que espese. Agregue la carne y cueza por 2 minutos más y rectifique la sazón. Retire del fuego y reserve.

Tamal

- Precaliente el horno a 180 °C.
- Disuelva la masa con un poco de caldo de cerdo. Hierva en una cacerola el caldo restante y agregue la masa disuelta sin dejar de mover. Cuando se despegue la masa de la cacerola, agregue la manteca y la sal. Deje por 10 minutos más en el fuego moviendo constantemente para que no se pegue al fondo de la cacerola.
- Arme el tamal vaciando en una cazuela de barro engrasada con manteca la mitad de la masa y distribuyéndola muy bien. Coloque el relleno y vierta la otra mitad de la masa, cubriendo el relleno.
- Coloque encima las hojas santa y hornee durante 50 minutos.

Presentación

- Corte el tamal en porciones individuales y sirva.

Tamal oaxaqueño

Ingredientes para 8 porciones

Masa

1 taza de manteca de cerdo

1 cucharada de polvo para hornear

1 cucharada de sal

1 kg de harina de maíz para tamales

1½ tazas de caldo de cerdo, pollo o agua

Relleno

2 tazas de caldo de pollo o agua

200 g de mole negro en pasta

½ kg de pierna de cerdo cocida
    y deshebrada

1 pechuga de pollo cocida y deshebrada

sal al gusto

Ensamble

c/s de hojas de plátano asadas cortadas en
    cuadros grandes

Material específico

1 vaporera

Preparación

Masa

- Mezcle la manteca, el polvo para hornear y la sal; bata hasta que la manteca se torne blanca.

- Añada la harina de maíz y 1 taza de caldo; bata hasta que todo se incorpore y esté bien mezclado (si la masa se ve o se siente seca, añada el resto del caldo; debe quedar ligeramente aguada).

Relleno

- Caliente el caldo de pollo y disuelva el mole. Mezcle el mole con las carnes, si es necesario añada sal, y reserve.

Ensamble

- Coloque sobre un cuadro de hoja de plátano ⅓ de taza de masa y encima un poco del relleno.

- Cierre los tamales y colóquelos de forma horizontal dentro de la vaporera con agua. Cueza a fuego alto, espere a que salga el vapor de la olla, y a partir de ese momento cuézalos por 50 minutos. Apague el fuego y deje reposar al menos durante 20 minutos.

Se ha generalizado el designar a un tamal como oaxaqueño cuando está envuelto en hoja de plátano, sin importar mucho el relleno que contenga. En este caso, se optó por un mole negro y carne de cerdo, a la manera tradicional de Oaxaca.

Tamales de rajas y verdes

Ingredientes para 8 porciones

Masa

1 taza de manteca de cerdo

1 cucharadita de sal

1 cucharadita de polvo para hornear

1 kg de harina de maíz para tamales

1½ tazas de caldo de pollo o cerdo

Tamales de rajas

10 jitomates

½ cebolla

1 diente de ajo

3 cucharadas de aceite

sal al gusto

c/s de hojas de maíz remojadas en agua
caliente

8 chiles jalapeño sin semillas ni venas,
cortados en rajas

½ kg de queso fresco cortado en tiras

c/s de hojas de epazote

Tamales verdes

½ kg de tomate verde

⅓ de taza de hojas de cilantro picadas

½ cebolla

1 diente de ajo

4 chiles de árbol frescos

sal al gusto

c/s de hojas de maíz remojadas en agua
caliente

½ kg de carne maciza de cerdo cocida
y deshebrada

Material específico

1 vaporera

Preparación

Masa

- Bata la manteca con la sal y el polvo para hornear hasta que blanquee.
- Mezcle la harina para tamales con la manteca batida. Añada el caldo y bata hasta obtener una mezcla homogénea y esponjada. Reserve.

Tamales de rajas

- Licue los jitomates, la cebolla y el ajo. Caliente en una cacerola el aceite y fría la salsa. Agregue sal y deje hervir durante 5 minutos. Deje enfriar.
- Tome un poco de la masa preparada y con una cuchara grande extiéndala en una hoja de maíz, ponga 3 o 4 rajas de chile jalapeño al centro, 1 tira de queso, 1 hoja de epazote y un poco de salsa. Cierre el tamal sin apretar demasiado para que la masa no se salga por el orificio de la base de la hoja. Repita este paso con el resto de las hojas y los ingredientes.
- Acomode los tamales en una vaporera y cuézalos durante 1 hora o hasta que éstos se despeguen fácilmente de la hoja.

Tamales verdes

- Licue el tomate, las hojas de cilantro, la cebolla, el ajo, los chiles de árbol y sal para obtener una salsa con un poco de textura. Cuélala para que se escurra toda el agua y quede sólo la pulpa; pruebe, ajuste la cantidad de sal y reserve.
- Tome un poco de la masa preparada y con una cuchara grande extiéndala en una hoja de maíz; sobre ésta disponga un poco de carne y una cucharada generosa de salsa. Cierre el tamal sin apretar demasiado para que la masa no se salga por el orificio de la base de la hoja. Repita este paso con el resto de las hojas y los ingredientes.
- Acomode los tamales en una vaporera y cuézalos durante 1 hora o hasta que éstos se despeguen fácilmente de la hoja.

Tasajo con entomatadas

Ingredientes para 6 porciones

Tasajo

1 kg de tasajo

Entomatadas

½ kg de jitomate guaje

¼ de cebolla

2 dientes de ajo

1 chile de agua o jalapeño

1 ℓ de agua

2 cucharadas de aceite

1 rama de epazote

sal al gusto

12 tortillas de maíz pasadas por aceite caliente

Presentación

1½ tazas de frijoles refritos (ver pág. 40)

100 g de queso fresco rallado

½ cebolla cortada en aros delgados

6 cucharadas de crema ácida

Preparación

Tasajo

- Ase el tasajo en una parrilla caliente.

Entomatadas

- Cueza el jitomate con la cebolla, el ajo, el chile y el agua; retire del fuego y deje enfriar.
- Licue todos los ingredientes con un poco del agua de cocción hasta obtener una salsa tersa y fina.
- Caliente el aceite en una cacerola y vierta el molido de jitomate. Añada el epazote, deje cocer durante unos minutos y verifique la sal.
- Sumerja una a una las tortillas en la salsa, retírelas y dóblelas a la mitad. Sirva inmediatamente con el tasajo.

Presentación

- Sirva el tasajo, acompañe con los frijoles refritos y 2 entomatadas decoradas con el queso, los aros de cebolla y la crema.

Al desayunar tasajo en el mercado Juárez, en la capital oaxaqueña, se refleja en sus comerciantes el espíritu de camaradería. La venta no se concentra en un sólo vendedor, sino en varios: la persona que vende el tasajo y lo asa, la señora que vende las tortillas hechas a mano y el que vende las ensaladas y acompañamientos, como salsas y limones. Así cada quién decide en dónde adquirir su desayuno.

Desayunos dulces

Preparación: 5 min
Cocción: 20 min
Dificultad: 🎩
Costo: 🍽 🍽

Fruta con yogur y compota de capulín

Ingredientes para 8 porciones

Compota de capulín

1 kg de capulín maduro

1 taza de azúcar

1 ℓ de agua

Fruta con yogur

½ melón pelado y sin semillas

½ papaya pelada y sin semillas

½ kg de fresa

4 tunas peladas

4 guayabas

4 toronjas peladas y cortadas en supremas

400 ml de yogur natural

Preparación

Compota de capulín

- Coloque todos los ingredientes en una olla y hiérvalos hasta que los capulines se deshagan. Pase la mezcla por un colador presionando bien para que únicamente queden las semillas en él; deséchelas.

- Ponga la pulpa de capulín a fuego bajo hasta que adquiera una consistencia de mermelada ligera; retire del fuego y deje enfriar.

Fruta con yogur

- Parta la fruta en trozos medianos, del tamaño de un bocado.

Presentación

- Sirva la fruta acompañada del yogur y la compota de capulín.

Puede sustituir el capulín por higo.

*El capulín es un fruto pequeño, de color rojizo casi negro y de sabor dulce.
El aprovechamiento de esta fruta es completo, ya que la semilla que contiene
en el centro se tuesta con sal para venderla como botana junto con las pepitas
de calabaza y los cacahuates; para consumirla, es necesario romper la semilla
o "huesito" de capulín para extraer la pequeña almendra del interior.*

Preparación: 15 min
Cocción: 10 min
Dificultad: 🍳🍳
Costo: 🍴

Gorditas de nata

Ingredientes para 12 porciones

1 taza de nata

½ kg de azúcar

5 huevos

1 kg de harina de trigo cernida + c/s para enharinar

1 cucharada de manteca de cerdo fundida

2 cucharaditas de polvo para hornear

1 cucharadita de canela en polvo

c/s de leche

Preparación

· Bata la nata con el azúcar hasta que se disuelva; agregue los huevos uno a uno hasta integrarlos perfectamente. Después, añada la harina, la manteca, el polvo para hornear y la canela. Si la masa está muy seca agregue un poco de leche.

· Estire la masa con un rodillo sobre una superficie enharinada hasta dejarla de 1 centímetro de grosor y corte círculos.

· Cueza las gorditas en un comal a fuego medio hasta que estén doradas.

Es común encontrar en las calles de la ciudad de México a los vendedores de estas gorditas. Sin embargo, el hecho de prepararlas en casa, siempre resultará en un mérito digno de encomiarse.

Panqué de nata

Ingredientes para 8 porciones

Panqué

1 taza de nata

2 tazas de azúcar

4 huevos

1 taza de leche

1 cucharada de esencia de vainilla

la ralladura de 1 naranja

2 tazas de harina

3 cucharaditas de polvo para hornear

1 cucharadita de sal

c/s de mantequilla y harina para cubrir el molde

Material específico

1 molde para panqué

Preparación

Panqué

- Precaliente el horno a 180 ºC.

- Bata la nata con el azúcar; cuando esta última se haya disuelto, agregue los huevos uno a uno hasta integrarlos perfectamente. Posteriormente añada la leche, la esencia de vainilla y la ralladura de naranja.

- Cierna la harina con el polvo para hornear y la sal e incorpórelos a la mezcla de nata.

- Vacíe la preparación en un molde para panqué engrasado y enharinado previamente. Hornee durante 45 minutos o hasta que al insertar un palillo en el centro del panqué éste salga limpio.

Éste es un panqué muy suave, dulce e ideal para un regalo. Acompáñelo con un café de olla o un chocolate de agua para comenzar el día.

Polvorones

Ingredientes para 12 porciones

Polvorones

½ kg de azúcar

½ kg de manteca vegetal a temperatura ambiente

5 g de bicarbonato

35 g de polvo para hornear

la ralladura de 1 naranja

el jugo de media naranja

2 huevos

1 kg de harina + c/s para enharinar

Material específico

1 charola para hornear

Preparación

Polvorones

· Precaliente el horno a 180 ºC.

· Mezcle el azúcar con la manteca vegetal. Agregue el bicarbonato, el polvo para hornear, la ralladura, el jugo de naranja y los huevos. Incorpore poco a poco la harina hasta formar una masa uniforme.

· Estire la masa con un rodillo y sobre una superficie enharinada corte los polvorones.

· Colóquelos en una charola y hornee durante 30 minutos; retire del horno y déjelos reposar por 20 minutos.

Presentación

· Acompañe los polvorones con chocolate de leche (ver pág. 90).

Los polvorones forman parte de la panadería tradicional mexicana. Puede variar el sabor de éstos sustituyendo la naranja por canela o anís.

Preparación: 2½ h
Cocción: 30 min
Dificultad: 👨‍🍳👨‍🍳👨‍🍳
Costo: 🔺🔺

Rollos de canela

Ingredientes para 12 porciones

Base de levadura

1 cucharada de azúcar

3 cucharadas de levadura en polvo

½ taza de agua tibia

Relleno

½ taza de mantequilla en trozos
    a temperatura ambiente

1¼ tazas de azúcar mascabado

¼ de taza de azúcar

2 cucharadas de canela molida

Masa

4½ tazas de harina

1 huevo

¾ de taza de leche tibia

½ taza de azúcar

1 cucharadita de sal

½ taza de mantequilla a temperatura
    ambiente

Glaseado (opcional)

1 taza de azúcar glass

2 cucharadas de agua

1 cucharada de extracto de vainilla

Material específico

1 molde circular

Preparación

Base de levadura

· Disuelva el azúcar y la levadura en el agua. Deje reposar hasta que haga espuma.

Relleno

· Mezcle los ingredientes y reserve.

Masa

· Haga un volcán con la harina y ponga al centro el huevo, la base de levadura, la leche, el azúcar y la sal. Incorpore poco a poco todos los ingredientes. Mezcle hasta que obtenga una masa uniforme; agregue la mantequilla en trozos. Trabaje la masa golpeándola sobre la mesa, estirándola y doblándola sobre sí misma; al principio estará pegajosa, pero no es recomendable agregar más harina.

· Póngala en un tazón y cúbrala con un paño húmedo. Deje reposar alrededor de 1 hora o hasta que doble su volumen.

· Precaliente el horno a 180 ºC.

· Coloque la masa en una superficie enharinada y amase ligeramente. Extienda formando un rectángulo de unos 40 x 25 centímetros y de 1 centímetro de grosor. Seguido esparza el relleno, enróllelo y corte rebanadas de unos 4 centímetros de grosor.

· Acomode las rebanadas en un molde circular previamente engrasado y enharinado, dejando un espacio entre ellas; cubra con un paño húmedo y deje reposar en un lugar tibio hasta que doblen su volumen.

· Hornee durante 30 minutos o hasta que los rollos estén cocidos y dorados. Si se empiezan a dorar y aún no están cocidos, cúbralos con papel aluminio.

Glaseado

· Mezcle los ingredientes poco a poco; agregue más agua si fuera necesario. Glasee los rollos al salir del horno.

Preparación: 10 min
Cocción: 25 min
Dificultad: 😊 😊
Costo: 🔺 🔺

Torrejas con miel de piloncillo

Ingredientes para 6 porciones

Torrejas

1 ℓ de leche

1 raja de canela

½ taza de azúcar

12 rebanadas de pan duro

¾ de taza de harina

5 huevos batidos ligeramente

c/s de aceite para freír

Miel de piloncillo

1 cono grande de piloncillo

1 raja de canela

1 cucharadita de semillas de anís

el jugo de 1 naranja

2 tazas de agua

Presentación

higos cortados en cuartos, al gusto

Preparación

Torrejas

- Caliente la leche a fuego bajo por 10 minutos, sin que hierva, con la raja de canela y el azúcar. Reserve.

- Disponga las rebanadas de pan sobre una charola; vierta encima la leche para remojarlas y refrigere.

- Enharine las rebanadas de pan, páselas por el huevo y fríalas en el aceite caliente por ambos lados. Cuando estén doradas, retírelas del aceite y escúrralas sobre papel absorbente.

Miel de piloncillo

- Mezcle todos los ingredientes y ponga sobre el fuego hasta que tenga una consistencia ligeramente espesa. Deje enfriar.

Presentación

- Acompáñelas con la miel de piloncillo y decore con los higos.

Esta preparación, de origen extranjero, sirve perfectamente para aprovechar los sobrantes de pan duro del día anterior.

Preparación: 20 min
Cocción: 1 h
Dificultad: 🍳🍳
Costo: ⚖⚖

Uchepos

Ingredientes para 12 porciones

Uchepos

12 elotes tiernos

3 tazas de nata

1 taza de azúcar

1 cucharada de polvo para hornear

c/s de hojas de elote

Presentación

crema ácida (opcional)

Material específico

1 vaporera

Preparación

Uchepos

· Desgrane los elotes y licue los granos con un poco de la nata.

· Bata el resto de la nata con el azúcar y el polvo para hornear; integre esta mezcla a los granos licuados.

· Coloque en cada hoja de elote una porción de la masa y forme los tamales.

· Cueza en la vaporera durante 1 hora o hasta que se despeguen fácilmente de la hoja.

Presentación

· Sírvalos con la crema.

Este tamal tradicional michoacano es perfecto para acompañarlo con un atole. Usualmente se consumen con crema, aunque en ocasiones también puede hacer la función de un platillo salado si se acompaña con salsa de jitomate y queso.

Bebidas

Preparación: 5 min
Cocción: 30 min
Dificultad: 🍳
Costo: ⚖

Atole de arroz

Ingredientes para 4-6 porciones

½ taza de arroz

2 tazas de agua

4 tazas de leche

¾ de taza de azúcar

1 raja de canela

Preparación

- Enjuague ligeramente el arroz y cuézalo con el agua hasta que esté suave. Añada la leche, el azúcar y la canela, moviendo ocasionalmente hasta que espese ligeramente. Verifique el azúcar y sirva caliente.

Llamado también "arrocito" es típico de las mañanas de la ciudad de México, donde casi de manera obligada es acompañante de un tamal o de una "guajolota" que no es otra cosa que una torta de tamal.

Preparación: 10 min
Cocción: 25 min
Dificultad: 🍳
Costo: ⚖

Atole de cacahuate

Ingredientes para 4-6 porciones

125 g de cacahuates pelados y tostados

1 ℓ de leche

250 g de azúcar

50 g de harina de maíz

½ ℓ de agua

1 raja de canela

1 trozo de cáscara de naranja

Preparación

- Muela el cacahuate en seco. Mezcle con la leche y el azúcar, vuelva a moler muy bien y cuele. Reserve.

- Disuelva la harina de maíz en el agua y ponga en un recipiente sobre fuego bajo con la canela y la cáscara de naranja; mueva constantemente. Cuando espese, añada el cacahuate molido con la leche; continúe moviendo el atole hasta que espese de nuevo. Verifique el azúcar, retire del fuego y sirva.

Preparación: 5 min
Cocción: 15 min
Dificultad: 🍳
Costo: 🍴

Café de olla

Ingredientes para 10-12 porciones

5 clavos

1 naranja entera

3 ℓ de agua

2 rajas de canela

1 cono grande de piloncillo, rallado o al gusto

1 taza de café de grano recién molido

Preparación

· Encaje los clavos en la naranja y haga incisiones en la superficie de la misma con un cuchillo.

· Caliente el agua en una olla; en cuanto hierva, agregue la naranja, la canela y el piloncillo; deje hervir a fuego medio por 10 minutos.

· Añada el café, y cuando hierva nuevamente, retire del fuego. Tape y deje reposar durante 5 minutos. Cuele y sirva.

Preparación: 5 min
Cocción: 20 min
Dificultad: 🍳
Costo: 🍴

Champurrado

Ingredientes para 4-6 porciones

5 tazas de agua

1 raja de canela

1 cono grande de piloncillo

1 tableta de chocolate de metate

1 taza de masa de maíz

Preparación

· Hierva en la mitad del agua la canela, el piloncillo y el chocolate hasta que estos últimos se disuelvan.

· Mezcle la masa en el resto del agua fría y cuele. Añada esta masa al agua endulzada con el piloncillo y el chocolate.

· Hierva a fuego bajo hasta obtener la consistencia deseada.

Ésta es una de las formas más tradicionales de preparar el chocolate en Oaxaca. Acompáñelo con un pan de yema.

Preparación: 10 min
Cocción: 10 min
Dificultad: ♟♟
Costo: ⚖

Chocolate de agua

Ingredientes para 4-6 porciones

1 ℓ de agua

1 raja de canela

100 g de chocolate de metate

Preparación

- Ponga a calentar el agua con la canela. Cuando hierva, agregue el chocolate; deje hervir hasta que se deshaga el chocolate.

- Retire del fuego y deseche la canela. Bata con el molinillo o con un batidor manual para que se forme espuma en la superficie. Sirva inmediatamente.

Preparación: 10 min
Cocción: 10 min
Dificultad: ♟♟
Costo: ⚖

Chocolate de leche

Ingredientes para 4-6 porciones

1 ℓ de leche

1 raja de canela

100 g de chocolate de metate

Preparación

- Ponga a hervir la leche con la canela. Agregue el chocolate y deje hervir hasta que se deshaga el chocolate.

- Retire del fuego y deseche la canela. Bata con el molinillo o con un batidor manual para que se forme espuma en la superficie. Sirva inmediatamente.

Preparación: 5 min
Dificultad: 🍴
Costo: 🔺

Licuado de plátano con chocolate

Ingredientes para 4-6 porciones

1 ℓ de leche

2 plátanos

3 cucharadas de chocolate en polvo

1 cucharadita de esencia de vainilla

1 cucharadita de canela en polvo

azúcar al gusto

Preparación

· Licue todos los ingredientes y sirva.

Preparación: 5 min
Dificultad: 🍴
Costo: 🔺

Batido de mango

Ingredientes para 4-6 porciones

2 mangos maduros

750 ml de leche

250 ml de crema de coco

Preparación

· Extraiga la pulpa de los mangos y deseche las cáscaras y las semillas.

· Licue la pulpa de los mangos con la leche y la crema de coco. Sirva inmediatamente.

Si fuera necesario, agregue azúcar al batido.

Jugo verde

Ingredientes para 4-6 porciones

1 ℓ de jugo de naranja
2 ramas de apio
1 taza de hojas de alfalfa
1 nopal tierno
½ rebanada de piña
1 guayaba
2 cucharadas de pingüica
miel al gusto
limones partidos a la mitad, al gusto

Preparación

· Muela todos los ingredientes y sirva el jugo acompañado con el limón.

Vampiro

Ingredientes para 4-6 porciones

1 betabel pelado
2 zanahorias peladas
1 ℓ de jugo de naranja

Preparación

· Pase por un extractor de jugos el betabel y las zanahorias.
· Mezcle los 3 jugos y sirva.

Índice